AF480712

Bilingual Kiddos

PRESS

A a

áo

SHIRT

Ă ă
ăn
EAT

Â â

ấm

TEAPOT

B b

bướm BUTTERFLY

C c

cá FISH

D d

dê
GOAT

Đ đ

đu đủ

PAPAYA

E e

em bé

BABY

Ê ê
ếch
FROG

G g

giày

SHOES

H h

hoa

FLOWER

I i
in
PRINT

K k

kem

ICE CREAM

L l

lá
LEAVES

M m

mèo

CAT

N n

ngựa

HORSE

O o
ong BEE

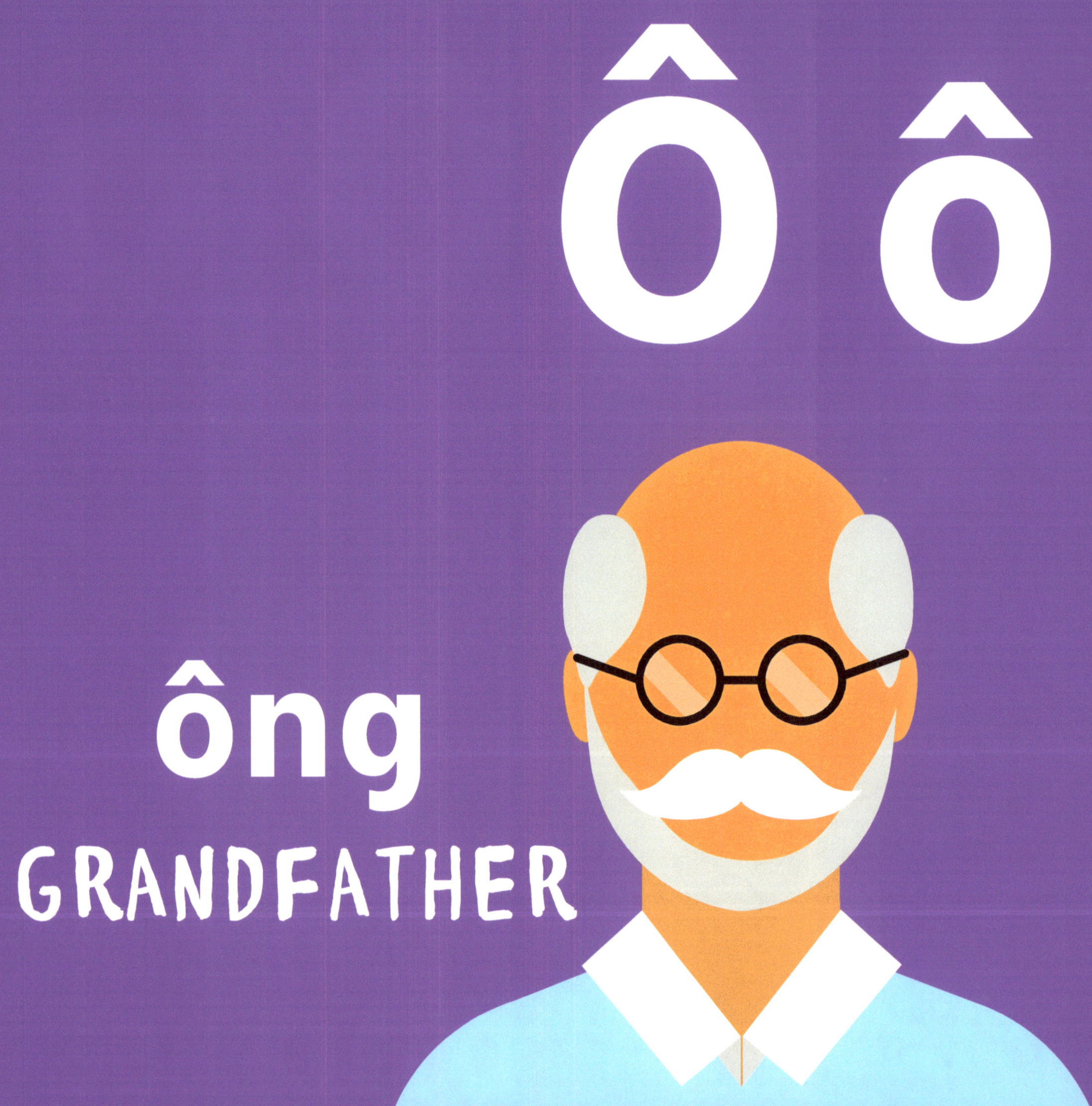

Ô ô
ông
GRANDFATHER

Ơ ơ

ớt CHILI

P p

phở NOODLE SOUP

Q q

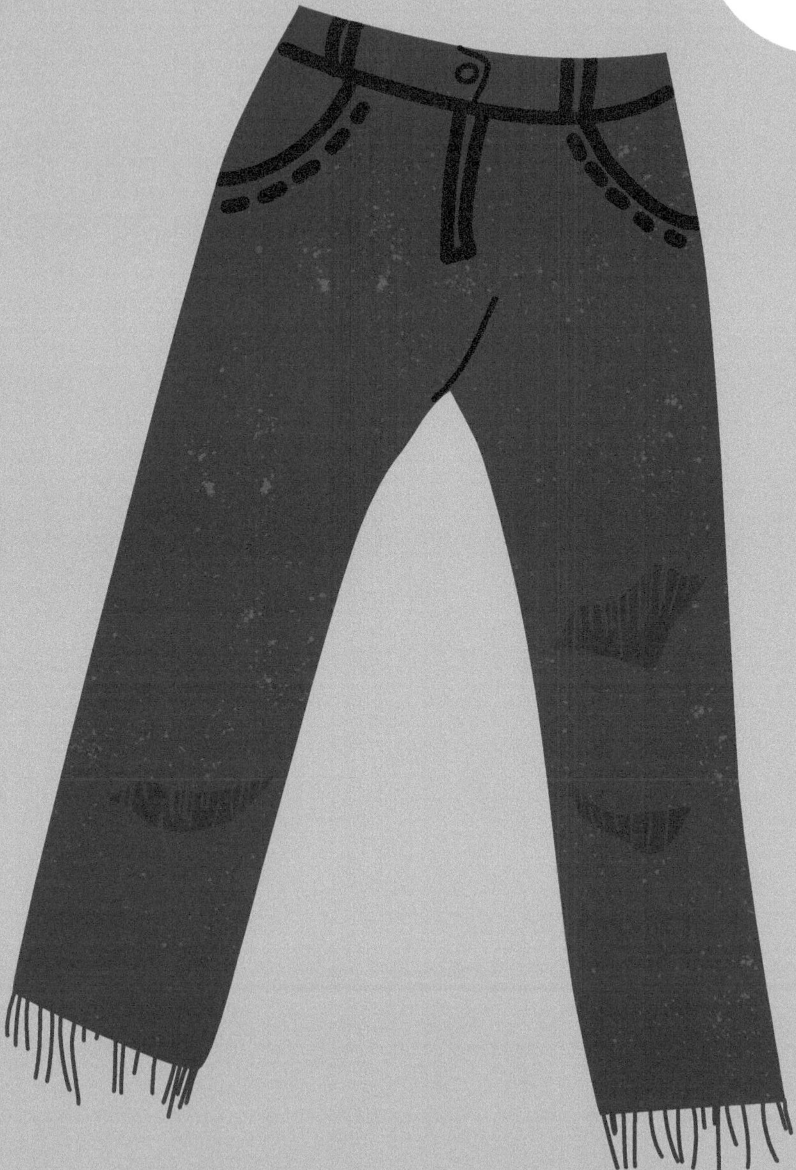

quần

TROUSERS

R r

rùa TURTLE

S s

sâu WORM

T t

thỏ
RABBIT

U u

ủi

IRON

Ư ư
ưng EAGLE

V v

voi ELEPHANT

X x

xe CAR

Y y
y tá
NURSE

A Ă Â B C

H I K L M

Q R S T U

D Đ E Ê G

N O Ô Ơ P

Ư V X Y

a ă â b c

h i k l m

q r s t u

d đ e ê g

n o ô ơ p

ư v x y

If you enjoy this book, please
do support us by leaving an
honest review on Amazon.
Thank you!